李聪甫学术评传

张镜源◎主编

中华中医昆仑

中国盲文出版社

图书在版编目（CIP）数据

李聪甫学术评传（大字版）/ 张镜源主编. —北京：中国盲文出版社，2015.12
（中华中医昆仑）
ISBN 978-7-5002-6791-1

Ⅰ.①李… Ⅱ.①张… Ⅲ.①李聪甫（1905～1990）—评传 Ⅳ.①K826.2

中国版本图书馆 CIP 数据核字（2015）第 316669 号

李聪甫学术评传

主　　编：张镜源
责任编辑：顾　盛
出版发行：中国盲文出版社
社　　址：北京市西城区太平街甲 6 号
邮政编码：100050
印　　刷：北京华联印刷有限公司
经　　销：新华书店
开　　本：700×1000　1/16
字　　数：42 千字
印　　张：6.75
版　　次：2015 年 12 月第 1 版　2016 年 3 月第 2 次印刷
书　　号：ISBN 978-7-5002-6791-1/K·425
定　　价：12.00 元
销售服务热线：（010）83190297　83190289　83190292

丛书编委会

前言

中医药是中华民族的伟大创造，是世界医学宝库中的夺目瑰宝，数千年来为中华民族的繁衍昌盛作出了巨大的不可磨灭的贡献，至今仍是中国医药卫生事业不可分割的重要组成部分，在维护民族体魄康健、促进经济社会发展中发挥着不可替代的作用。

中医药学，是中华传统文化和科技文明的结晶，是勤劳聪慧的中华儿女在几千年生产生活实践中，在与疾病作斗争的过程中，创造的独具特色的医学科学体系。它有着浓郁的民族特色、深厚的文化底蕴和丰富的哲学内涵。经过一代又一代中医药传人、一辈又一辈名医大家的实践探索、薪火传承、总结完善、创新发展，逐步形成了系统的理论体系、独特的诊疗方法、丰富的医学内容、实用的制药技术。具有疗效确切、用药安全、应诊灵活、普适简廉和预防保健作用显著的巨大优势，在世界医学之林独树一帜，为人类的文明进步与医疗保健事业，已经并正在作出积极的贡献。

为了弘扬中华民族传统文化，彰显中医药学家的丰功伟绩，当代中医药发展研究中心与中国文学艺术界联合会、国家中医药管理局新闻办公室、中华中医药学会、中国中医科学院、北京中医药大学、世界中医药学会联合会等精诚合作，在国家中医药管理局的支持和指导下，为中华近现代百年来贡献卓著、深受敬仰的150位中医药学家，编撰出版了这部大型传记丛书。丛书采用评传体裁，记载他们的生平事迹、医术专长、学术思想、传承教育、医风医德、养生之道和突出贡献，使这些宝贵的医学成就和精神财富发扬光大，千古流芳。

丛书取名《中华中医昆仑》。昆仑山，被尊为“万山之祖”，柱西北而瞰东南，立中国而凭世界，凌驾乾坤，巍然屹立。以其高峻豪迈、绵延起伏的磅礴气势，寓意中华中医药学历史悠久、博大精深和永不衰竭；以其挺拔雄伟、高耸入云的恢弘气魄，彪炳一代中医药学家的丰功伟绩、杰出贡献和不朽勋业。

丛书入选传主，从全国范围推荐遴选，遍及中医药界各个领域。有临床家、理论家、药学家、教育家、医史文献学家；有名师亲授、世医家教、学派传人、院校毕业和自学成才者；有师徒并驾、父子齐名和伉俪联袂者。他们学术造诣深厚、诊疗技术精湛、临床经验丰富、学科地位崇高、科研成果丰硕、医风医德高尚、国内外影响较大，从医学理论到临床实践，为中医药事业的传承和发展作出了突出贡献，是近现代百年来中华中医药界的杰出代表。

丛书的出版，对于弘扬中华文化，振兴中医药事业，造就中医药人才，普及中医药知识，具有重要的现实意义和深远的历史意义。这是一项开创性工作，填补了我国为著名中医药学家大规模撰写传记的空白；也是一项抢救性工作，因入选传主已仙逝过半，许多亲历、亲见、亲闻的史料日见散逸，将之收集整理、编撰成书，功垂后世、利国利民；更是一项承前启后的工作，总结传主经验，传承中医药伟业，继往开来，光耀世界医学之林。这部医文结合，富蕴历史性、学术性、文学性和实用性的鸿篇巨制，对医疗、卫生、科研、教育及全球关注中华中医药文化的各界人士，都有重要的参考和阅读价值。

丛书的编撰出版，是一项巨大的中医药文

化建设工程，在策划、撰写、编辑、出版过程中，自始至终得到了国家有关领导、政府部门及社会各界人士的关心和支持。国家中医药管理局高度重视，并组织专家对全书进行终审；数百名专家、学者亲临指导，参与规划；有关省、市、自治区卫生厅、局、中医局（处）给予大力帮助；传主及其亲属、弟子热情支持、密切配合；撰稿人深情满怀、辛勤笔耕；编审专家尽心竭力、精工细琢；关爱中医药事业的企业家热心公益、慷慨资助；全体工作人员不辞辛劳、无私奉献，这一切使丛书得以顺利出版。对此，我们深表谢意。

由于时间紧迫和资料搜集困难，加之水平有限，难免有疏误之处，敬请广大读者批评指正。

中华中医药学，历史悠久，源远流长，发端于远古，奔向于未来。百年对于历史，不过是短暂的瞬间；百人对于万众，不过是沧海一粟。然本丛书所记载的百年百人，则无疑是波澜壮阔的中医药发展史上辉煌的篇章和光芒闪烁的璀璨星辰。

张镜源

目录

要诚心地对待病人，急病人之所急，想病人之所想，这句话容易说不容易做。急些什么？想些什么？我认为至少应该急其痛苦，急其困难，急其危亡。想其医治，想其速愈，想其安全。

——李聪甫

李聪甫（1905—1990），名明，号老聪，幼称凤池。湖北省黄梅县人，汉族，中国共产党党员。

李聪甫生于贫寒之家，长于战乱年月。13岁进药店学徒，20岁悬壶执业。在半个多世纪的征程中，他志如磐石，为振兴中医学而呐喊，情似涌泉，为继承岐黄之术而献身，是德术双馨、享誉中外的一代名医。

李聪甫是著名的中医临床家。他医德高尚，医术精湛，起沉疴，救危亡，活人无数。李聪甫是著名的中医理论家。他精研《黄帝内经》和《脾胃论》等典籍，提出以形神学说为指导、以脾胃理论为枢纽的中医整体论，并在临床实践中确立了“益脾胃、和脏腑、通经络、行气血、保津液以至平衡阴阳”的治疗大法。

李聪甫是著名的中医教育家。中华人民共和国建国初期，他是湖南省中医进修学校校长，同时是湖南省中医药研究所所长，后兼任湖南中医学院（今湖南中医药大学）副院长，湖南省中医药研究院名誉院长，是湖南省中医医疗、教学、科研单位的主要创始人。李聪甫集临床、教学和科研于一体，毕生著有研究论文70余篇，医学专著10部。其代表作有《麻疹专论》、《中医生理学之研究》、《李聪甫医案》、《李聪甫医论》，主撰《〈脾胃论〉注释》、《金元四大医家学术思想之研究（张从正、李杲）》，主编《传统老年医学》等。其中《中医生理学之研究》是迄今唯一的有关中医生理学研究的专著。

李聪甫还是著名的社会活动家，曾任湖南省人民政府委员，第一、二、五届省人民代表大会代表，第三届全国人大代表，中国人民政治协商会议第二、五、六届湖南省委常务委员，中国农工民主党中央委员。卫生部医学科学委员会委员，湖南省血液病防治研究委员会主任委员，中华全国中医学会常务理事，湖南省中医学会会长。

李聪甫还是一位诗人。他酷爱唐诗宋词，通晓音韵格律。他可以因推敲一词而彻夜不寐，也可以为得一佳句而手舞足蹈。他常说："写诗不但可以明志，而且是养身娱情和强健身心的运动。"现有《老聪诗词剩草》传世。

床前含泪承母训
立志行医济世穷

“医药本承先母志，安怀初负古人衷。”李聪甫步入杏林，还须从他的母亲说起。

李聪甫的父亲李遵国是一位乡村银匠，成年累月走村串镇，靠锤锤打打敲制银器维持生计。母亲胡氏上过两年私塾，贤惠手巧，以刺绣等针黹所得补助家用。善良的父母忘却了个人的劳碌，只盼着儿子能够出人头地，光宗耀祖。不幸的是，胡氏因积劳成疾，于 1915 年病故了。临终前，她对李遵国说：“凤池这个伢儿，体弱聪明，能读书，将来想法让他学医药，当个好郎中，济世救人，我就安心了。”年仅 10 岁的李聪甫在一旁满眼含泪，铭记于心。

母亲去世后，李聪甫依靠外祖母家的接济，读完了5年私塾和1年新学。1918年，13岁的李聪甫只身来到江西省九江市“赵恒兴药店”，开始了学徒生活。

药店老板对李聪甫的要求是：黎明即起，扫地、挑水、抹柜台、擦灯罩、灌水壶、擦烟袋。白天碾药、晒药、检药。定的规矩是：身稳、手稳、嘴稳，眼明、耳灵、腿勤。

13岁的李聪甫继承了父母不怕吃苦受累的传统，一切杂务都干得很认真。他牢记着母亲“好好念书”的教诲，每天晚上药店关门后，便在油灯下看书。

李聪甫是个有心计、也有志气的孩子。他眼看、耳听、口问、手做、心记，在师兄弟的帮助下，很快便赢得了掌柜的信赖。他循着贴墙的药柜，逐屉逐格地记药名、认药形、辨药性。没有人讲解药材的加工炮制，他就跟在师兄身后，默默练习切、碾、炒、打、酥、飞等基本功，默默记录丸、散、膏、丹的炮制法。碾药看是粗活，但碎药有标准，碾药有技法，都需上心。包药是细活，必须用八寸见方的“仿单”把药包得齐齐整整，纸无皱褶，形状统一。这样日复一日，月复一月，李聪甫很快就掌握了药店伙计应具备的知识技能和应对顾客的本领。

李聪甫是带着外祖母给他买的《药性赋》和《汤头歌诀》来学徒的。每天晚上，店铺关门后，才是他苦读记诵的时间。读《药性赋》不仅要记住寒、热、温、凉之药性，而且还得尝试酸、苦、咸、辛、甘之药味。他在自学中逐渐总结出鉴别、比较、分类、归纳的治学方法。《汤头歌诀》是韵文，朗朗上口，很容易记诵，但方剂越多，同一药物出现的频率就越高，越容易混淆。于是他又用归类、比较法，把配伍相近的方剂并列在一起加以比较。如四君子汤和理中汤，仅一味之差，而方义迥异。比较后才知道，四君子汤中的茯苓和白术为佐药，能健脾渗湿，除去甘淡之茯苓，加入辛热之干姜为君，便可温运中焦，驱散寒邪，恢复脾阳。变换一味，则成理中汤。这样同中析异，异中辨同，虽然多花一些时间和精力，但掌握得比较精准、牢固。

李聪甫小时候所读的书，既没有标点，也没有注音。他借助字典，在书上加圈点，加批注，若有所得就记在笔记本上。李聪甫后来说，当时他真为自己找到读书、习艺方法感到骄傲。

学徒3年，李聪甫似懂非懂地把《药性赋》、《药性解》、《本草备要》、《汤头歌诀》、《医方集解》、《濒湖脉学》、《诊宗三昧》、《金匮要略心典》、《素灵类纂》、《伤寒来苏集》、《伤寒明理论》、《士材三书》、《医宗必读》、《医门法律》等书看了一遍。

一个小小的学徒，哪来这么多书籍呢？这就得感谢店主人了。因为凡有亲戚朋友婚丧喜庆之事，店主人往往派李聪甫为“信使”去送礼。当地的规矩是，受礼人家必须要给送礼的来人一点小费，或 200 或 400“铜毫”，称作“脚板钱”。李聪甫便将这些小费积攒起来，用于买书。就这样，学徒期间他积累了一大箱医书。李聪甫常说：“像我这样的穷孩子，要想真正为医救人，处世立业，除了要勤学苦练，还必须下一点积寸累铢的工夫。”积土为山，集腋成裘，李聪甫的书籍、学识和技能就是这样积累起来的。

16 岁，学徒届满之时。李聪甫第一次遇到了看病的机会。一天夜里，他忽听有人敲门，原来是店内一位伙计腹痛难忍，一时找不到医生，便来店里请李聪甫帮忙抓药。当时的李聪甫不懂辨证论治，只知对症下药。他把脉问病之后，开出了自认为对症的生平第一张药方，结果那伙计病好了，于是“李聪甫能看病”就渐渐为人所知了。

1922年，李聪甫离开九江，回到湖北省黄梅，托人推荐到县城名医石椿山的“石福生药店”帮工，借以“渡师”学医3年。双方约定：帮工不领薪水，从师不缴学俸。

石椿山，这位祖传数代、经验丰富的老中医，见面第一句话就告诫道：“只怕不勤，不怕不精；只怕无恒，不怕不成。”他询问了李聪甫的自学情况后，微微一笑，说：“精神诚可贵，其学方启蒙。若欲登堂入室，仍须再下一番苦工夫。知道吗？‘宝剑锋从磨砺出，梅花香自苦寒来’呀！”

在随师应诊的过程中，李聪甫发觉，老师几乎没有用多少完整的“汤头”，心中有些纳闷，就大胆问其缘故。老师笑道：“所谓‘读方三年，便谓天下无病可治’。将来，你‘治病三年，乃知天下无方可用’了。成方与证相合，当可用之，但应知常达变。以方套病，误人深矣！”李聪甫恍然大悟。这是为医者的至理，也是箴言。李聪甫渐渐成熟起来了。

度过了13年私塾、学徒、渡师的历程之后，“医药秉承先母志”的李聪甫终于在1925年于黄梅县城正式开业了。起初，李聪甫是带着医书看病的。有的朋友曾直率地劝告：“出诊不要背书囊，否则人家会把你当作没有本事的‘看书郎中’。”李聪甫却认为，哪个医生不看书呢？不看书又怎能做个好医生呢？

有一次，一位年过五旬的本族长辈中风了，半身不遂，口眼歪斜，请本地有名的老医生诊视，用“小续命汤”加减，半夏、南星之类服了多剂。1个月后，病人两颊泛赤，咽痛舌绛，滴水不入，大便秘结，周身瘫痪，麻木不仁，痰鸣不已，神志不清。全家人慌乱中接李聪甫去试诊。路上行人议论道：“衣棺都准备好了，大郎中都无法起死回生，请个初出茅庐的来，顶什么用？”“唉！尽尽人事罢了！”为了不放弃独自初临大症的机会，李聪甫还是硬着头皮去了。一到病家，说是已经烧了“倒头纸”（一种恭送死人去阴世的习俗）了。李聪甫仔细观察病人，判断为肾阴亏损，水不涵木，心火暴甚，肝阳上亢。为了证实自己的辨证是否正确，他还翻书查阅。病家见状叹道：“嗨！真是急惊风碰上了慢郎中，人都快断气了，还翻书！”看书后，李聪甫才确信法当滋肾水以养肝木，制肝阳以平心火，处方用“地黄饮子”加减，去辛热之附桂，加风药之润品秦艽、钩藤，润药之百合、当归、胡麻仁，此即“治风先治血，血行风自灭”。病家立即去买药，煎后缓缓喂下，不久便咽喉滋、大便通、神志清。继而，李聪甫又用“五汁饮”，令日日呷之，三易其方。不及两月，死神远去，康健如初了。一例成功，轰动乡梓，此后登门求治者络绎不绝。

1930年，李聪甫移居九江。一日，突然来了一位患“噤口痢”的老乡，病情危重。因遍请九江良医，都无济于事，已在准备后事。家人抱着一线希望来请李聪甫试诊遣方，结果几副药之后，便转危为安。于是，李聪甫在九江出了名。

1937 年，“卢沟桥事变”发生，次年九江沦陷。李聪甫携妻挈子，逃难他乡，家藏书籍等皆失落无存。他只带着部分医案，辗转于湖南省湘潭、新化、溆浦、沅陵等地，以医糊口。其所写 10 余万字的《医门轨范》，也在流离颠沛中全部遗失。

1937～1949 年的 12 年间，李聪甫虽然居无定所，但是从未忘却母亲的嘱托和自己的使命。尽管生活是游移的，但他治病救人的志向是坚定的。每到一个地方，他都设帐行医，甚至为病家送医上门。1940 年，李聪甫流寓新化，正值湘西南地区小儿麻疹流行，死者枕藉。以济世活人为天职的李聪甫，主动投身抢救护理与防病宣传之中。也正是在那个苦难的时期，李聪甫完成了他的第一部著作——《麻疹专论》。

医术精进自有道
医德医风更堪珍

1949年，中华人民共和国成立的时候，李聪甫已经是一位44岁的中年医生了。经过二十几年的行医实践，二十几年的颠沛流离，他的思想成熟了，医术精进了，经验也丰富了。在新中国的医药卫生领域里，李聪甫开始了新的更富创造性的行医实践和医学追求。李聪甫认为，医术精进自有道，医德医风更堪珍。世间万物运行不可无序，医术精进也自有规律。

首先，须由浅入深，知所选择。李聪甫认为，学中医必须要练好基本功。诸如李东垣的《药性赋》、汪讱庵的《汤头歌诀》、李时珍的《濒湖脉学》、《医宗金鉴》的《四诊心法要诀》、

《景岳全书》的《阴阳篇》和《医学心悟》等论著，都是中医最基本的读物。其中不仅有基本的中医理论，而且有基本技艺和丰富的治病经验，应当摘抄成册，朝夕温习，心承口诵，由浅入深，为以后学习经典著作打好基础。认真阅读掌握《伤寒论》、《金匮要略》、《温热经纬》、《素问》和《灵枢》等典籍，也是学中医必不可少的过程。尤其是《伤寒论》和《金匮要略》，一定要读原文，熟读精读，笔记心维，全面掌握。《伤寒论》中的397法，113方，不仅是为伤寒而立，而且是中医六经辨证论治的根本法则。《金匮要略》则是论治杂病的第一本方书。至于《内经》，那是中医学的经典之作，更当铭记于心。李聪甫认为，读书是向前人取经，是借鉴，是继承。熟读掌握中医经典著作之精华是每一个医生求知立业的必由之路，是基础的积累，必须下点死工夫。

其次，须临证察机，联系实际。李聪甫认

为，通过系统学习，奠定了一定的基础之后，还必须在临床实践中进行望、闻、问、切，分经辨证，据证立法和处方，要历经写病历或写医案等一系列的实习锻炼，这也是一种基本功。四诊之中，切诊最难掌握，如微脉与濡脉、弱脉与细脉、结脉与涩脉、紧脉与数脉、弦脉与革脉等脉象的几微之辨，往往心中了了，指下难明，必须在长期诊察病人过程中边摸索，边领悟。李聪甫说，写好病历或医案，也是一项基本功。在病历或医案中，要充分反映“四诊”和“理、法、方、药”之辨证论治的内容，要做到药合乎其方，方合乎其法，法合乎其理。

李聪甫认为，精于思考、善于发问也是中医的基本功。医生必须读书，“脉书不厌千回读，熟读深思理自知”。同时，熟读书还必须勤思考、会思考，要思出书中的“道”与“理”，才能有个人的感悟和心得。《尚书》有云：“好问则裕，自用则小。”好学之人必然好问，问与学是治学的根本之道。历史上有成就的医学家，如李东垣、朱丹溪、叶天士等人，无不受益于寻师访友、切磋问难，这是治学的经验，也是成才的诀窍。学、思、问三者结合，是治学的关键。

再次，真诚待人，严谨论治。医生是济世活人的仁者，所以德之于医生尤为重要。医生之德应有两方面：对内以德治己，对外施德于人。李聪甫不但习业严肃，而且注重医德医风的修养。《医宗必读》曰："毋忽贫贱，毋惮疲劳，检医典而精求，对疾苦而悲悯。"李聪甫说，这就是医生的根本之德。医生应当想病人之所想，急病人之所急。想什么？急什么？至少应该想其医治，想其速愈，想其安全；急其痛苦，急其困难，急其危亡。

1980年6月的一天上午，75岁的李聪甫扶杖来到解放军某部医院看望女儿，得知一位妇女刚做完绝育手术不久，两岁的独生子就患了病毒性肺炎，病情危急，家人哀泣。医院多次抢救仍无好转，于是李聪甫主动前去看视。只见小孩脸色苍白，呼吸急促，处在昏迷状态。他用手轻轻地拨开小孩的双眼看了看，接着察看指纹，又观望了舌象，问了病情，然后开了一张中药方，交给家属，并宽慰说，病情虽然危重，但可以救治。小孩当天下午服药，晚上就有了好转。第二天，李聪甫又专程到医院看望，小孩已能喝水、进食了。家属和病友无不惊呼“遇到神医，吃了仙丹”了。这年6月30日，《湖南日报》以《一剂中药寓深情》为题报道了此事，不但盛赞李聪甫高超的医术，而且号召广大医生学习李聪甫主动送医和仁心博爱之美德。

李聪甫认为，尊敬老师，关心同志，是医者应有的品格。师承友助，贵在诚恳、虚心，切忌虚假、相轻。“满招损，谦受益”，这是古今不变的真理，人人必备的美德，医生尤其然。

20 世纪 30 年代，李聪甫用中药治愈脑膜炎、盲肠炎之后，写了一篇题为《脑膜炎与盲肠炎之认识》的文章，发表于《九江日报》。文章结语中指出："脑膜炎、盲肠炎皆属肠胃湿热积滞为病，上下郁遏者为盲肠炎，肠痈是也；表里郁遏者为脑膜炎，痉病是也。"为了进一步"求是"，他曾向上海陆士谔致书求教，并附寄了原文。陆士谔复函说："阁下千里外惠书论学，虚怀若谷，不耻下问，钦佩之至。尊论脑膜炎即是痉病，盲肠炎即是肠痈，认证正确，足见手眼明快。唯论治立方则鄙见稍有出入：肠痈有未成之治法，将成之治法，已成之治法；痉病有刚痉之治法，柔痉之治法。尊方所拟似乎专于已成之肠痈，痉病之刚痉。而将成未成之肠痈，痉病之柔痉，似当别谋治法。孟子云：'不直则道不见。'士谔年虽衰朽，姜桂之性未免老而愈辣，直言莫怪，诸希谅之！"（曾载《申报·国医周刊》）

陆士谔交友要真心、诚心、实心，“不直则道不见”的教诲使李聪甫终生受益。李聪甫曾说，为了发展中医，为了坚持真理，就要能直言，敢直言，爱直言，纳直言。李聪甫认为，任何一个医生，不管他多么高明，都不可能是“常胜将军”，总有成功或失败两个方面。如何正确对待成与败、誉与毁，是关系到自身医德医风的问题。总结经验，吸取教训，发扬优点，改正缺点，获誉思过，闻过则喜，不慕虚荣，但求真理，是医术进步和个人成长的要诀。

1935 年夏秋之交，李聪甫曾去武昌为友人救治垂危之症。当时，病者身热不退，神志模糊，摇头谵语，夜不安睡，便闭尿赤，口干少饮，脉沉弦，舌质干，苔淡黄，口甜。前医一派寒凉，犀羚每方都用，但病不去而反进。李聪甫断为湿困脾机，改用温胆汤加味，1 剂安睡，再剂热清，头脑清醒，1 周而愈。

李聪甫不仅善于祛病救人，而且长于采风

取经。1965 年 2 月，李聰甫带领省里组织的医疗队下乡巡回医疗，用中医治愈了多年未遇的麻疹并发肺炎和急性黄疸型肝炎等病。在农村，李聰甫虚心向群众学习，掌握了许多行之有效而又经济简便的草药单方，如满天星治疗结膜炎，地蜈蚣治疗肠炎，以及血三七、血当归、小金钱草治疗骨折损伤等，都有很好的疗效，为中医中药研究提供了宝贵线索和丰富的资料。

李聰甫不忘昔日的贫寒家境，不忘母亲的临终嘱咐。他怜贫惜老，与农民为友。每遇农民患者，他都为他们精打细算，努力做到既治病又省钱。有一次，农妇李某产后大出血，脉细微弱，病情十分危急，经李聰甫 10 个小时抢救，终于转危为安，却只花了 6 元多钱。

阴阳五行重医论
形神学说脾胃观

20 世纪 50 年代以来，李聪甫结合临床，潜心于《黄帝内经》、李东垣《脾胃论》及历代医家相关论著的综合研究。到 70 年代初，他提出以形神学说为指导、以脾胃学说为枢纽的整体论说，进而在临床运用中确立了益脾胃、和脏腑、通经络、行气血、保津液以至平衡阴阳的治疗大法。这是李聪甫对中医药理论和实践的一大贡献。

一、阴阳学说的临床应用

李聪甫认为，阴阳是物质运动相互对立而又相互依存的两个方面。《素问》曰："生之本，本于阴阳。"就是说生命的存活与成长是阴与阳相互作用的结果。所谓“孤阴不生，独阳不长”，充分说明二者互相关联、互相消长、互相制约、互相转化的依存关系。如果阴阳平衡规律被破坏，就会出现疾病。临床上所说的“阴胜则阳病，阳胜则阴病”，“阴损及阳，阳损及阴”，“阴证转阳，阳证转阴”等即是。

“阴胜则阳病”例：吴某，男，34，冬月患痿躄，症见面色黯滞，浮肿头重，胸满便溏，语声不能接续，下肢瘫痪，手足逆冷，视物模糊，表情呆滞，脉迟微，苔白滑。李聪甫诊为阴寒湿困，元阳衰败。肾虚气厥，肾间寒湿反侮脾阳，脾失健运，故下肢肌肉不张。法当运脾以胜湿，温肾以复阳，治以甘温，佐以辛热。方用西党参、漂白术、云茯苓、熟附片、法半夏、广陈皮、西砂仁、炮干姜、上肉桂等，连续进服数日，口能言，膝能屈伸，自觉憎寒倦卧，阳微之机已露，乘势更复其阳，食纳渐增，步履如常。

“阳胜则阴病”例：张某，男，28岁。起病恶寒发热，头疼身热，失于汗解，症转高热汗出，目赤口渴，谵语瘈疭，时欲掀被狂走，二便秘涩，脉象洪数，苔黄厚燥质绛。李聪甫断为阳明热盛劫阴，治以苦寒下夺，泻热存阴。方用生石膏、生知母、炒山栀、淡竹叶、天花粉、连翘心、玄明粉、锦纹黄、淮木通、粉甘草等。一日夜连服两剂，下燥屎，继下稠秽溏黏，狂热大减，转善饥索食，状似“除中”。李聪甫认为，此由实火灼胃，渐成消中。改投川黄连、炒山栀、生地黄、赤茯苓、淡黄芩、去白陈皮、淮木通、粉甘草为剂，服后热退身安。

二、五行学说不能尽废论

20世纪30年代，李聪甫曾写过“五行必废论”一文，但在此后的实践中，他又发现“五行”不仅是代表脏腑的一种符号，而且是取类比象地反映了脏腑生理机能的特性和相互依存、相互制约的关系。于是，李聪甫又来了一个自我否定。他认为“五行学说”不能尽废，可以摒弃它的糟粕，但必须吸收它的精华。他认为，其一，“五行归类”是实践中探索出来的客观规律。其二，五行学说是辨证施治的理论依据。其三，五行学说在长期应用中可归纳脏腑机能。其四，五行学说的唯物观是无数医家在实践中证明了的理论。对于古人的五行学说，我们必须分清哪些是唯物的东西，哪些是唯心的东西，哪些是客观事物的反映，哪些是主观的臆造。例如，《灵枢·淫邪发梦》第四十三中所载发梦的论点，有些是荒谬的，应该批判，但“甚饥则梦取，甚饱则梦予”的说法也并非不无道理。不能瑕瑜不分，全盘否定。

三、形神学说的临床价值

20世纪70年代，源于《黄帝内经》阴阳五行理念，李聪甫提出了形神合一学说。他说，形神学说属于古代医学学术思想体系，其论述散见于《素问》、《灵枢》及后世医家著作中。在多年临床研究中，他积极倡导形神合一学说，认为“形神”是人类生命现象的物质基础，贯穿于脏腑、经络、营卫、气血各方面新陈代谢的发生、发展和变化之中，是推动生命活动的源泉和动力。

形神学说特别强调人与自然不可须臾分离的关系。“人身一小天地”，其与自然界息息相关，人之形神有赖于自然界物质的不断充养。“天食人以五气，地食人以五味。”五味养形，是“味归形”；五气养神，是“气归精”，精气化神。

首先，形神学说反映了生理机能的完整性。形与神是生命活动不可分割的两个方面。人以藏象为中心，五脏既是“神脏”，又是“形脏”，其机能活动密切相关。“气”又是形神矛盾统一运动的关键，是其活动力的主宰，是发于神而见于形的，体现了形神整体的生理机能。

其次，形神学说反映了病理变化的关联性。从形神的整体观立论，可更好地反映“七情”和“六淫”内外矛盾的辩证关系。六淫之病多变，七情之病亦可因“神明”受扰而产生病变。“神静则守，情动则乱”，说明只有保持形神活动的相对平衡，才不会导致“气乱于卫，血逆于经”的后果。无论神病还是形病，无论内因还是外因，都有“正气先虚，然后邪气踞之”的发病规律。

再次，在辨证论治中，要掌握形神统一的整体观念。形病多自六淫所侵，神病多由五志过极，二者可相互转化。“形以气充，神依气立”。气在体内升降出入，是形神对立统一运动发展的枢纽。形神学说在临床中的应用，“一曰治神，二曰养身”（《素问·宝命全形论》）。神志乱，当灌养“元精”，形不足，当温煦元气，促使“阴平阳秘，精神乃治”。

四、脾胃学说与形神整体

李聪甫长期研究李东垣的《脾胃论》这部最早的脾胃病专著。

首先，他认为脾胃元气旺盛，则内充脏腑，外濡经络，全身都得到营养的输送。脾胃的升降运动，是维持人体生命活动的重要环节。“人之所受气者，谷也。谷之所注者，胃也”，胃气旺盛与否，决定着脾气的盛衰、宗气的强弱、营卫运行的畅阻。

李聪甫结合临床，对脾胃整体功能提出如下理念：脾为太阴之脏，恶湿喜燥，燥则脾的清阳之气上升以煦心肺，心肺和煦，则下济肝肾；胃属阳明之腑，恶燥喜润，润则胃的浊阴之气下降以濡肝肾，肝肾濡润，则上滋心肺。以胃纳脾运为中心的功能活动，可推动心、肺、肝、肾四脏的生理活动。

其次，李聪甫崇尚李东垣的脾胃学说，并对某些争议问题提出了自己的看法。对于“火与元气不两立”和“甘温除大热”两个问题，他都有独到的见解。

对阴火与元气关系的探讨。“火与元气不两立，一胜则一负”，此处“火”当然是指“阴火”。李聪甫认为，藏于肾中的“相火”是“生气”的，能温养脾胃，腐熟水谷。如果相火因清气下陷的干扰，离位上乘，转化为“食（蚀）气”的“壮火”，李东垣名曰阴火。阴火乘胃灼肺，变利为害，所以说，它是“元气之贼”，所表现的症状是“气高而喘，身热而烦，脉洪大而头痛，或渴不止”，是元气不足、阴火上乘的特征。

对“甘温除大热”治疗机理的认识。李聪甫认为，“甘温除大热”的治则，是据李东垣所论“脾胃气衰，元气不足，而心火独盛，心火者，阴火也，起于下焦，其系系于心……火与元气不两立，一胜则一负”之病机而制定的。对于胃中元气不足，谷气下流，阴火上乘之证，营气当升反降，出现怠惰嗜卧，四肢不收，大便溏泻等症，阴火当降反升，出现短气喘促，烦渴大热，有时如火燎面等症状，既不能妄投辛热以助阴火之上升，亦不能使用苦寒更迫清阳之下陷。法当用黄芪、人参、炙甘草之甘温以益元气，除烦热，升麻、柴胡之苦平以升阳气，复本位，白术、橘皮之甘苦温以益脾胃，当归身之甘辛以濡血，或佐麦门冬之甘寒以滋化源，或使酒黄柏之苦寒以泻阴火，或用麦冬、五味子易升麻、柴胡以固肺阴，或用桂枝、芍药易升麻、柴胡以调营卫。这些都是甘温除热的治疗法则，即脾胃学说的辨证理念。

李聪甫根据李东垣脾胃学说，认为脾治中央而灌四旁（指四脏），脾胃机能的强弱可影响到各脏腑的生理功能和病理状态，特别是影响机体整体、形神的矛盾运动和平衡发展，预期在今后研究脾胃的生理或病理过程中，将会出现新的苗头。

至于用药，李聪甫曾经说过，后人对李东垣的补中益气汤多有歧义，其实，责任不在其方而在于用方之人。用之得当，效若桴鼓；若非是病而用是药，作用当然不显。应用本方时，如遇有脾胃虚弱不能顾护营卫，卫气空疏，寒热汗出，则以桂枝、芍药易升麻、柴胡，定名为“护卫益气汤”；如遇阴火灼肺，少气无力，口渴自汗，则以麦冬、五味子易升麻、柴胡，定名为“生津益气汤”；假如阴火上乘，干心犯胃，面如火燎，心中烦热，则以知母、黄柏易升麻、柴胡，定名为“降火益气汤”；倘若脾阳不足，畏寒身倦，肢冷便溏，则以附子、炮姜易升麻、柴胡，定名为“扶阳益气汤”。正如以苍术、木香易白术、当归，则更名为“调中益气汤”一样，灵活运用，而不失补中益气的原意。

临床理念辨根本
治验法度涵新知

看病必先辨证，辨证不准，施药便难以对证，药不对证，于病奈何！李聪甫不但深研辨证理论，而且注重治验之法度。何为辨证？李聪甫说，“证”是正气与邪气在人体运动中的矛盾现象。“辨”就是分析。归纳四诊中获取的资料信息，进而识别正邪矛盾的本质，这就是辨证。所以，辨证之要就在于确认疾病的特殊矛盾和本质。无论症状多么复杂，都必须辨析出主要矛盾和次要矛盾，即主症和次症。又因矛盾不断转化，则必须识别某一矛盾处于某一阶段，即矛盾主要方面，否则就难以用药。例如黄疸病，病人身目发黄，呕逆，身热，腹胀，胁痛，口苦，咽干，溲赤，脉弦数，苔黄腻。就病机而论，此既有肝胆的矛盾，又有肝胃的矛盾；就病因而论，既有湿热的矛盾，又有表里的矛盾；就证候而论，既有黄疸身热的矛盾，又有呕逆痛胀的矛盾。何为主？何为次？李聪甫认为，就“本”而言，导致疾病产生的主因为主要矛盾；就“标”而言，令病人最感痛苦的症状即主要矛盾。“标”、“本”之间，再据“急则治其标，缓则治其本”的原则而权衡，方能确定疾病某阶段的主要矛盾。故上述黄疸证候，其湿热是主要矛盾。抓住了这一主要矛盾，则肝胆之间、肝胃之间、表里之间、各种症状之间的矛盾便可以随之而解。至于湿与热二者，是主要矛盾的两个方面，其中热乃湿所化，利湿即所以清热，故湿居矛盾的主要方面显而易见。如不急于渗湿，只图清热，必致湿愈聚而热愈不清，因而针对此种病理特性，当主以茵陈蒿汤。其方用茵陈为主药以利湿，栀子、大黄为辅药以清热，实为抓住了主要矛盾的主要方面，故为治疗黄疸的主方。李聪甫强调，辨证施治必须“观其脉证，知犯何逆”。因为“不同质的矛盾，只有不同的方法方能解决”。

同时，李聪甫概述了“八法之用”。首先，凡遇病，当汗、当下、当吐、当和、当温、当清、当补、当消，均须据四诊所得，加以分析研究，找出病因病机后始有定夺，因为“八法之用”是决定疾病转归的重要因素。若病在脏而误攻其腑，病在腑而误伐其脏，病在表而误泻其里，病在里而误伤其表，均将使病笃危殆。其次，须明八法不是孤立为用，而是相辅为用的。如“大虚者补之，宜峻宜温，缓则无力，大实者攻之，宜急宜猛，迟则生变”，“小虚者，七分补而三分攻，开其一面；小实者，七分攻而三分补，防其伤正”；“体强者，攻邪而正自复，体弱者，扶正而邪自除”，“汗不亡阳，下不亡阴”，等等，都是八法的相辅为用，其目的都是为了保存机体的元气与精神。

李聪甫临证 60 余年，所遇似是而非的疑难杂症不胜枚举，其辨证施治，下笔处方，煞费心思。有的阳证而四肢厥冷，有的阴证而烦热躁狂，有的大实而表现羸弱，有至虚弱而反呈盛候。若判断差误，危亡立见。故李聪甫强调，万绪纷然，“治病必求于本”。《素问》所谓“审察病机”，“有者求之，无者求之，盛者责之，虚者责之”。一遇病证，便当求其所属之有无，责其有无之间，辨析虚实而论治。“诸寒之而热者取之阴，热之而寒者取之阳，所谓求其属也”。意思是说：“用寒药治热病而热反增，非火有余，乃阴不足，阴不足则火亢，故当补阴则阳自退；用热药治寒病而寒反增，非寒有余，乃阳不足，阳不足则阴盛，故当补水中之火则寒自消”（《内经知要·治则》）。李聪甫认为，求责所属受病之本时，无论任何疑难杂症，只有从现象去探索本质，才能了解病证的根本。

尽管症状千变万化，必可得其要领。

患者石女士，产后第二天突发高热，目赤面红，妄见妄言，剥衣露体，扬手掷足，烦躁如狂，病家情急，求治于李聪甫。观其双目直视无神，舌暗苔黑，脉弦细数，口渴不欲多饮，烦热汗出，小便清，大便秘，小腹坚急，恶露不净。检视前服第一方为白虎汤加生地、麦冬、花粉、炒栀子及安宫牛黄丸等，认为证属阳明实邪，结果服1剂药后，狂躁更甚，时欲揭被外奔。另一方则以肾气丸加减，作产后血室空虚，阴不涵阳，浮阳上越论治，取阴中养阳、引火归原之义。服后仍然躁乱谵妄。李聪甫考虑此证罕见。口渴不多饮，小便清长，脉弦细数，舌苔黑而小腹坚，病发生于产后恶露不净之际，符合《伤寒论》“蓄血如狂”之证，亦近傅青主所谓“败血攻心”之论，故心神动乱不安。产后表里皆虚，桃仁承气不可轻投。仿傅青主安心汤之意，用全当归20g，生地、川芎、丹皮各10g，苏方木、生蒲黄各6g，青荷叶一方为引。一服而烦热退，狂躁定，再剂而恶血下，人事清。

李聪甫辨析本案颇似阳明热证，然口渴不欲多饮，小便又见清长，则证非阳明实热。它的症状特征为惊狂幻见，发生于产后一二日，且小腹坚结，知其恶露未净，不可擅用寒凉。虽有瘀血，而肾气丸误补之余，使瘀得温而化，故较之寒凉为害稍轻。

李聪甫特别提出，“别阴阳于疑似之间，辨标本于隐微之际”，是为医者应该研究的问题。其举老年喘证两案为例：

许某，男，71岁，有慢性支气管炎病史。冬季上气喘急，不能平卧，咳痰带血，喘迫甚，冷汗出，口渴思饮，小便频数，合目则呓语喃喃，形神俱惫，已经月余。李聪甫诊视，脉浮大无力，舌绛少苔，呼吸困难。检阅前医处方，皆主清肃肺气，导化痰热，如瓜蒌、杏仁、桑白皮、橘红、枇杷叶、葶苈子、海蛤粉、沙参、桔梗之类，反痰喘增剧，通宵不能入睡。因思喘即汗出，寐则梦呓，口渴溲频，吸气尤难，《内经》谓“肾者水脏，主津液，主卧与喘也”。今所见之症，皆肾所受病，肾虚气不下纳而郁于上。患者年过七旬，久病体衰，脉来洪大，重按豁然，肾气衰竭之机可见。法当固肾摄气，保肺培元。方拟：熟地黄（砂仁拌）、怀山药、煅牡蛎（久煎）、煅磁石（久煎）、云茯神（飞朱砂拌）、胡桃肉（连紫衣）各 10g，山萸肉（去核）、款冬花（蜜炙）、北紫菀（蜜炙）、川贝母（糯米炒）各 7g，北五味子、黑锡丹（研末分服）各 3g。服 4 剂，喘汗均见缓解。喘出于肾，淫气病肺，肾气不纳，肺难清肃，仍须固摄肾气。前方去紫菀、黑锡丹，加炒枣仁 10g，蛤蚧尾（研末分服）2g，续服 4 剂，喘平眠安。本病表现的特征，吸气短促，汗出不止，知为肾气极虚，故当摄阳于阴，纳气于肾。按此调治，诸症渐失，精神振复，形体日佳。

黎某，女，70岁，平时咳嗽多痰。初春感冒，喘咳上气，喘急则面赤颈胀，倚息抬肩，胸满胁痛，痰黏难出，彻夜不能平卧。病缠两月，服药无效，家人担忧，急延数医会诊。李聪甫察脉弦且滑，舌苔白腻，食欲不振，言语断续音低，唇甲发绀，小溲短涩，翻阅前服方药，大抵是苏子降气汤、导痰汤、定喘汤和三子养亲汤等出入加减，毫无效果。窃思“饮入于胃，游溢精气，上输于脾，脾气散精，上归于肺”。患者古稀之年，脾元久乏，运化失职，水谷之精微反凝聚而成痰。“肺为贮痰之器”，清肃失常则生喘咳，应以培土运脾为主，纳气温肺为辅。方拟：潞党参（米炒）、云茯苓各10g，於潜术（土炒）、姜半夏各7g，旋覆花（布包）、款冬花（蜜炙）、炒百部、广橘皮各5g，淡干姜、西砂仁（盐水炒）、北五味子、炙甘草、黑锡丹（研末分服）各3g。方拟定，出示讨论，一医者力持异议，认为“痰喘无补法”。李聪甫谓，痰火实喘固不宜补，今察患者屡进化痰降气、止咳定喘之方，两月以来，病情严重。当其年迈气衰，脾元不足，肺气又虚，虽然喘嗽不宁，绝非实证，不用参术，何药能医？病家见有争论，乃婉言试服1剂以观成效，遂一致同意。一服，当夜得安睡，喘大减，再剂而喘息平，余热清，连服数剂，诸症如失。但年高病久，脾肺俱损，元气难复，继用白术3g煎汁，燕窝（水发拣净）6g，冰糖同蒸，每晚临睡前服1次，连日照法服用，1周而康。

李聪甫辨析：许案，吸气困难，神惫汗出，为肾虚而气不纳之喘证；黎案，气不接续，息短声低，为肺虚而气失宣降之喘证。几微之辨，治则悬殊，欲求肺肾相承，金水相生，必赖脾气之健运。因此，同属喘证，一当固肾为主，一宜治肺为先。二者都应顾护脾胃，贵在临证时，正确掌握“见病知源”、“治病求本”与

“辨证论治”的规律。

医术是在实践中练出来的，经验是从点滴收获感悟的积累中丰富起来的。李聪甫尤在脾胃病、湿温病和虚劳病的临床辨治方面有其特点和规律。

关于脾胃病。李聪甫崇尚李东垣，又撷取众家之长，形成了独特的“理脾胃，调气血，保津液”的治疗大法。如何理脾胃？李东垣重在“升脾阳”，叶天士长于“养胃阴”。李聪甫则认为，脾阳不足和胃阴匮乏是矛盾的两种表现形式。所以，针对“脾阳不足”的病变，采用“益脾阳”的方法，方用李东垣之补中益气汤随症加减；针对“胃阴不足”的病变，则用“养胃阴”的方法，方用叶天士之养胃方随症加减。这是常法。李聪甫一直不忘当年恩师石椿山关于“治病三年，乃知天下无方可用”的教导。他在临证中绝不囿于成方，而是重在辨证，知常达变，绝不以方套病，或千病一方。

劳倦伤脾、水气凌心验案：杨某，男，20岁。面白无华，噫气不止，胸膈痞胀，左膺肋间沥沥有声，且有麻辣瘙痒之感，呼吸不匀，怔忡纳呆，精神萎顿。李聪甫诊其脉虚弦，舌质淡胖，辨析为脾胃不足之证。劳倦伤脾，脾虚难以制水，水气凌心，故心中悸，噫气痞胀；脾虚不能顾肺，肺失资源，故少气不足以息。水谷的精气不能变化精微，故聚水成饮。治当甘温益脾，辛温滌饮。处方：西党参、於潜术、朱茯神、姜半夏、广陈皮、姜竹茹、枇杷叶（生姜汁炒）、旋覆花（布包）、煅赭石、佛手柑、西砂仁、九节菖蒲、炙甘草。复诊：脉转虚缓，噫悸俱平，呼吸调匀，胸膺间出现密集红疹。肺气疏布，“凝涩者，气以温之，血和乃治”。处方：西党参、朱茯神、姜半夏、炒枣仁、当归身、紫丹参（酒炒）、酒白芍、柏子仁（炒）、广陈皮、麦门冬（米炒）、炙远志、炙甘草、糯谷米。续服多剂，面色润泽，饮食增进而瘥。

李聪甫谈到，劳倦伤脾，李东垣用甘温益气，配升麻、柴胡以助清气的升举，清气升则阴火降，以其有身热而烦，皮肤不任风寒为特征。本例劳倦伤脾，亦用甘温益气，却配旋覆花、代赭石以助浊气下降，浊气降则水饮消，以其心悸、噫气不止、胸膈痞胀为特征。辨析脾胃间清浊升降的矛盾病理变化，当遵“脾宜升运，胃宜降纳”的原理。即使治脾，亦非一概用升，应该详细分析矛盾的主要方面，是“清气在下”，还是“浊气在上”？如果说，清气在下是矛盾的主要方面，由它而引起的阴火上乘，就要用甘温益气，如补中益气汤，加少量甘寒以泻阴火。假如浊气在上占矛盾的主要方面，则不能再用升药，以免载浊上行，而应在甘温益气的原则下，适当地配合降药，使浊降而清升。本例不从补中益气而从六君，配合旋覆代赭汤加减，正含有这种意义。

忧劳过度、阴火灼津验案：徐某，男，70岁，寒热往来，头昏重，音嘶，精神困倦，饮食不思，脉濡数，舌似镜面。李聪甫询其因，其老伴卒然逝世，既感忧伤，又失调理，正所谓“有所劳倦，形气衰少，谷气不盛”之内伤证。况老年精血衰少，劳则虚火上炎，津液内劫。法当甘平滋脾养阴，宣郁安神。处方：西洋参（另煎）、麦门冬（米炒）、明玉竹、金石斛、怀山药、北枸杞、生谷芽、炒枣仁、云茯神、鲜竹茹、川郁金、粉甘草、北五味子。复诊：脉濡缓，体爽神清，但舌不回润，专以生脉散滋津液之化源。处方：西洋参、麦门冬、五味子。代茶频服，居1月而舌润，眠食均复正常。

李聪甫分析本案，内伤证似外感，恶寒发热，头重音嘶，当辨析为劳倦内伤。一因形气衰少，舌似镜面；二因忧伤失调，劳则火起。阴火上乘，阳精下降，不但胃津被灼，脾元亦伤。在胃津与脾元之间，就当时脉象濡数、舌质光剥的情况，老年精血衰少，郁火内灼，救津是解决矛盾的主要方面。“阴为阳根”，养阴即所以培元。当此年老精衰、气阴两耗，特别是津液如此枯涸之际，培元亦当考虑兼复津液，故用西洋参。其甘苦微寒，为生津培元的主药。如初作外感，误用辛散，转生他变，必致难挽。

由上两案可知，李聪甫对脾胃病注重辨证，善知常达变。前者浊气在上为矛盾的主要方面，故治以甘温，适当配合降药，使浊降则清升；后者郁火内灼为矛盾的主要方面，故生津培元，致阴滋则火降。其治脾胃病方法的独特，可见一斑。

在脾胃与四脏之实证、虚证方面，李聪甫也有自己的辨证理念和验方。实证方面：心火亢盛，伤害脾胃，症见心烦失眠，面如火灼，五心烦热，咽干便秘者，当用泻心安胃法，药用麦门冬、川黄连、淡竹叶、炒栀仁、赤茯苓、莲子心、连翘心、灯心草；肺不清肃，浊气犯胃，症见咳逆喘呕、胸满上气、痰黏食少、二便结涩者，当用清肺降浊法，药用瓜蒌仁、旋覆花、代赭石、葶苈子、桑白皮、光杏仁、生薏苡仁、川厚朴；肝气郁滞，阻遏脾运，症见胸胁苦满、胁痛嗳气、呕逆易怒、饮食不进者，当用疏肝理脾法，药用北柴胡、紫丹参、杭白芍、炒枳壳、制香附、川郁金、白蒺藜、生甘草；肾水反侮，脾不制水，症见心悸吐水、四肢肿胀、胸膈不利、肠鸣腰重者，当用运脾制水法，药用白术、云茯苓、淡猪苓、炒泽泻、法半夏、广陈皮、川桂枝。虚证方面：心脾两虚证，心气虚影响脾气，症见眩晕怔忡、纳呆失眠、胸中压塞、少气不足以息者，当用归脾养心法，药用炙黄芪、西党参、炒白术、炙远志、云茯神、当归身、酸枣仁、酒丹参、广陈皮、龙眼肉、炙甘草；肺弱脾虚证，肺气不足，脾乏生化之源，症见短气喘促、胸膈不利、语言难续、食欲锐减者，当用培土（脾）生金（肺）法，药用西党参、蒸白术、怀山药、云茯苓、宣百合、蒸薏苡仁、炙紫菀、麦门冬、广陈皮、炙甘草；肝郁脾虚证，肝气郁结导致脾虚，症见胸胁痞满、太息易怒、面赤心烦、头晕目眩者，当用养肝益脾法，药用制首乌、当归身、杭白芍、北枸杞、怀山药、金石斛、珍珠母、广陈皮、生谷麦芽、炙甘草；脾肾阳虚证，肾阳亏虚，阴寒偏盛，水谷不化，症见四肢浮肿、腰膝酸冷、痰饮内阻、五更泄泻者，当用补火（肾）生土（脾）法，药用熟地黄、怀山药、炒白术、云茯苓、巴戟天、熟附子、益智仁、上肉桂、北五味子。

李聪甫特别强调，脾胃与心、肺、肝、肾的发病机理，不仅是消化系统疾病问题，而且与各脏之间、各脏和各腑之间的病机相关。在研究脾胃病时，应从整体出发，特别是要研究“形神学说”在脾胃病中的具体反映和主要作用，从而观察和掌握辨证论治的规律。

关于湿温病。这种病在温热急性病中是最为棘手的。李聪甫在薛生白、叶天士等有关论述的启示下，积累了丰富的临床经验和有效方药。他认为，湿温病应分为湿郁卫分、湿遏于气、湿热入营和久热劫津4个阶段，治疗上则应自始至终坚持“宣化湿热，保存津液”的原则。

李聪甫认为，湿郁卫分，卫阳不宣，不能达表，必致内逼气分，渐化为热，表现为恶寒、发热汗出、口渴不引饮、咳嗽、胸满等症，法当宣湿透表。为了开散卫分阳气而达表，使湿从汗化，热随温清，故用自拟宣湿透表汤：香青蒿、淡黄芩、鲜竹茹、赤茯苓、姜半夏、生薏苡仁、西枳壳、藿香梗、炒六曲、广橘红、制厚朴、白蔻仁。方中青蒿、橘红透表宣湿以助汗，六曲、赤茯苓运脾渗湿，半夏、薏苡仁肃肺利湿，黄芩、竹茹清热利湿，厚朴、枳壳理气化湿，藿香、白蔻仁化浊祛湿。总之，以治湿为主。

湿邪化热，郁遏于气分，热由湿化，湿邪内迫肺胃，郁而化热，致使肺失清肃，胃气上逆。症见舌苔黄腻，脉弦滑，咳嗽呕恶，呼吸粗促，胸膈痞闷，身热不退，甚至谵语神昏，小溲短涩。同时，湿热留恋气分可有白㾦出现。清热必先治湿，宜辛开苦降，运转枢机，用自拟宣湿化热汤：香青蒿、淡黄芩、南杏仁、大豆黄卷、鲜竹茹、瓜蒌仁、赤茯苓、郁金、佩兰梗、炒山栀、炒六曲、鲜芦根、益元散（鲜荷叶包，刺孔）。此治湿热蕴结肺胃、邪壅难以宣泄者。肺主太阴之气，胃为阳明之腑，证兼表里。肺清胃降，则邪从卫分而解，不致化热入气，滋蔓难图。

迨至湿热入营，脉呈细数，舌质光绛，且身热不清已 10 余日，伤津太甚，口渴苔黑，小便短赤，语言不清，肌肤出现斑疹，知其余邪尚留气分，“犹可透热转气”，用自拟转枢透热汤：香青蒿、淡黄芩、生知母、生石膏、鲜芦根、瓜蒌仁、连翘心、大豆黄卷、郁金、益元散（鲜荷叶包，刺孔）。

所谓“转枢”透热，在伤寒以柴胡、黄芩为主药，在湿温则以青蒿、黄芩为主药。青蒿清芬，利枢透表而不载浊上升。柴胡相反，服之必致耳聋。石膏、知母直清气分之热，且青蒿、黄芩以利枢机，瓜蒌、郁金开肺经痰郁之热，连翘心清包络逆传之热，芦根、益元散荡涤三焦余热而益元气，大豆黄卷滋养胃液。当此湿热互为转化之时，既不宜过用寒凉滋腻，遏其邪而内逼营血，更不宜误投辛温燥烈，助其热而内灼营血。只有利其枢机，方可转危为安。

若湿温病邪入营，逆传心包，常因正虚邪陷所致。热邪犯营，多为包络受邪。湿邪夹包络自身之相火，上乱精明之府，易发生痉厥，神识昏迷，手足抽搐，瘈疭谵妄，壮热不清，口噤不语，面赤唇焦，不知饥渴，小溲短涩，舌绛焦卷，甚至舌上白点满布，如珍珠状，断为热闭气营，内逼心包，热陷于阴，津液燥涸。法当清营救液，用自拟清温解营汤：生石膏、生知母、鲜竹茹、瓜蒌仁、瓜蒌根、连翘心、润玄参、鲜芦根、鲜地黄、香青蒿、淡黄芩、郁金、炒山栀、益元散（鲜荷叶包，刺孔）。

如舌黑如煤，齿燥面垢，喘促痰鸣，痉挛肢厥，寻衣撮空，二便不知，脉来洪数，此属气阴两夺，津液欲竭之象，用自拟清温滋液汤：鲜地黄、润玄参、麦门冬、生石膏、生知母、连翘心、鲜竹茹、鲜芦根、鲜石斛、川贝母、紫雪丹、瓜蒌仁、瓜蒌根。

前方旨在“透热转气”，后方旨在“清宫救液”。故均在石膏、知母、鲜地黄、鲜芦根、鲜竹茹、玄参、连翘心、瓜蒌仁、瓜蒌根等清热生津的基础上，前方配入青蒿、黄芩、炒山栀、郁金、益元散以泻热运枢，后方配入石斛、麦冬以添增液之力，再佐贝母助清痰之功，紫雪丹清营安宫，使“秽为芳变”，浊化神清。

营热入血，每迫血妄行。“阳络伤则血上溢”，多见衄血。“阴络伤则血内溢”，内溢之血在湿温病中亦多见。一见于斑疹，二见于大便下血。当此之时，何以为治？李聪甫比较分析曰：叶氏认为，“入血就恐耗血动血，直须凉血散血，如生地、丹皮、阿胶、赤芍等物”。薛氏则谓：“热证上下失血，或汗血。毒邪深入营分，走窜欲泄，宜大剂犀角（现已代用）、生地、赤芍、丹皮、紫草、连翘、茜根、银花等味。”两说虽同，但薛方较为全面。分析血分“动血”之证，虽属热入阴分，而其主要伤害则在少阴和厥阴。手厥阴心包络为心主之宫城，少阴心为主血之脏，二者为热所激，往往导致动血，血溢于经络之外。

在诊治过程中，李聪甫特别提示，须注意

出血部位。特别是湿温病后期营血亏损，经脉失荣，更须注意其大便下血，或如咖啡色，或如豆酱汁，兼见躁乱不安，体温下降，脉来细数。当暴下血时，汗出肢冷，形似胃气空虚、转枢战汗之时，更加严重，亦当培元救阴。可见，热入血分之证，因阴血动耗而气液两竭，亦能因阴血增变而卫阳得振，顺逆关头，不容轻忽。

若血分受病且为时甚长，则因长期发热汗出，往往兼见纳食减少，此不仅胃阴受损，而且全身机能亦因津液耗伤而衰退，抗御机能减弱，故必须注意体内精血津液的恢复和增长，用自拟滋液养胃汤：西洋参、鲜石斛、麦门冬、杭白芍、当归身、生谷芽、川贝母、广陈皮、枇杷叶（刷）、粉甘草。此方滋养肺胃。血证止复之后，重在胃的机能强弱。除用甘平滋养胃阴方剂外，饮食以清淡为宜。食欲初旺时，仍须注意节制饮食，使胃气渐复。

综上所述，湿温病必须运用在“六经辨证”基础上发展而成的“卫气营血辨证”进行证治辨析。由于湿温病之“证”有卫、气、营、血的浅深传变之异，所以湿温病之“治”有达卫、转气、利枢、清营、凉血、散血、增液、培元之别。临证中，必须熟练掌握辨证论治的规律，准确把握湿温病证治的主次与特点。

关于虚劳病。内伤虚劳病的辨析，为历代医家所重视。几十年来，李聪甫在临床实践中，对《黄帝内经》、《难经》、《金匮要略》及李东垣、朱丹溪诸家有关虚劳病的理论进行了认真的验证和探讨。他认为，虚劳之病，五脏都可发生，按五脏表现的诸证分析，可归结为阴虚、阳虚两大范畴，其间又能相互转化。对于虚损劳伤诸证，李聪甫历来主张调养气血为主，慎用攻伐。

在虚劳病辨证施治方面，李聪甫归纳出的13项治则与方剂，为后人所推崇。若使用得当，确有良好效果。

益气：元气暴脱，四肢厥冷或虚劳病大脱血时，用独参汤。肺气虚弱，少气懒言，皮聚毛落，用四君子汤。“土旺金生”，脾气旺则肺气自旺。劳倦内伤，自汗恶风，四肢困倦，脉虚浮，用补中益气汤。

养血：吐血，下血，妇人血崩，烦热口渴，脉虚芤浮大，用当归补血汤。本方黄芪五倍于当归，因为血既大脱不能自生，必赖益气才能生血。吐血、下血、尿血等一切失血，血虚身热，口燥心烦，用四物汤。地芍得归芎不至于凝，归芎有地芍不使其妄。

滋阴养血：虚劳骨蒸潮热，咳嗽，盗汗，食纳少，用黄芪鳖甲散。罗谦甫制本方以治虚劳蒸热盗汗，确有见解，为滋阴解热的有效方剂。如咳嗽少气，方内半夏、肉桂二味，可以改用川贝母和五味子。阴虚火旺，皮寒骨热，食少痰多，咳嗽短气，倦怠焦烦，用拯阴理劳汤。该方为“补土生金”而立。

扶阳益气：劳伤气耗，倦乏懒言，动作喘促，表热自汗，心烦身痛，用拯阳理劳汤。“火能益土，运行而化精微”，元气就会增益起来。劳弱虚损，自汗，虚热而烦，用黄芪汤（即保元汤）。元气亏损，卫阳不固而表现发热，热时自汗不止，津液外泄，出现烦渴、恶风症状，脉虽洪大，重按豁然无力，足以证明热是由于阳虚，不可误用表散之剂而更伤其阳。

补肺养阴：肺痨咯血，喘促短气，用百合固金汤。本方有“清金降火、保肺消痰”的效用。久咳痰涩，少气失音，喉干作痛，咳时汗出，困乏无力，用琼玉膏。李聪甫曾于本方中加入适量川贝母，少许薄荷叶，治久咳肺燥，收到良好效果。

补心安神：心血不足，神志不宁，健忘，怔忡，烦躁，便秘，用补心丹。本方无辛热苦寒之弊，适用于心肾不交的患者。虚劳虚烦不眠，用酸枣仁汤。

补脾益胃：虚劳少气，小腹拘急，心悸，腰痛，面白，咽干，梦遗，衄血，四肢酸痛，手足烦热，用小建中汤。李聪甫认为，脾为营之本，胃是卫之源。脾不足则虚寒在下，胃不足则虚火在上，营卫失于调节则诸症丛生。所以桂枝汤倍用芍药，使桂枝和卫作用转向内以建中，再以饴糖补益脾胃，脾胃既胜，中气建立，则营卫调畅，诸症自失。脘腹痞胀，食不化，口干，面色萎黄，头昏嗜卧，肠鸣，飧泻，精神疲倦，用参苓白术散，使之在补益脾胃的前提下，清升泻止，浊降痞消。

滋肝养血：肝气不足，胁满筋急，不得太息，目昏瞀，四肢厥冷，心腹痛，用补肝汤。散郁调经，疏肝开胃，除蒸热，解烦闷，用逍遥散。月经先后无定期，烦热不宁，加丹皮、炒山栀。

补肾建阳：元阳衰弱，先天禀赋不足，劳

伤过度，脾肾虚寒，用右归丸。本方系“补火生土”的方剂。“阳根于阴”，精血充实，则有“水中火发、雪里花开”之生气郁发的反映。大补精髓，滋填任督，用龟鹿二仙膏。此为滋补精神气血的优良之剂。

补肾益精：气血大坏，精神失守，用大补元煎。脾肾双补，则气血两复，精神自旺。肾水不足，虚热，自汗，盗汗，头晕，目眩，腰酸，遗精，用左归丸。阴中有阳，更能促进阴血的增长；补中有泻，避免呆补腻滞的偏弊，足以促进补益的作用。

壮水制阳：虚劳肾阴不足，头晕，目眩，耳鸣，口渴，遗精，腰痛，心烦，溲赤，两膝酸软无力，肾虚水泛为痰，用六味地黄丸。在“壮水之主”以制约虚阳的原则下，必须寓泻水于补水之中。肾阴日见充足，阴虚症状才会消失。

益火消阴：虚劳肾气不足，腰痛，阴头寒，

小便频数，阴囊湿冷，尿有余沥，精自出，小腹拘急，用八味地黄丸。由于肾中真火不足，不能蒸动肾气以增进脾胃精微的运化，则肾水成为阴冷的水。为此，在六味地黄的基础上加附子、肉桂以益肾中之火，是水中补火的唯一方法。

五劳虚极，内有干血：五劳虚极，羸瘦，腹满，不能饮食，食伤，忧伤，饮酒伤，房室伤，饥伤，劳伤，经络营卫气伤，内有干血，肌肤甲错，两目暗黑，用大黄䗪虫丸。本方是去瘀生新、推陈致新的方剂。李聪甫认为，虚劳蓄血，或血瘀于络，病人无失血症状，但干咳、蒸热、盗汗、心烦、失眠、怔忡、不食、肌肤甲错和羸瘦等虚证丛生，妇女月经不至，脉弦革细数，说明血干于内。虽呈现极虚现象，然专用滋补无济于事，必须用行血去瘀与滋养阴血相配合的治疗方法。大黄䗪虫丸内，大黄、蛴螬、水蛭一派通脉逐瘀的药物中，加入黄芩清热，甘草缓中。特别需要指出的是，使用重剂生地黄，驾驭其间以濡布血液，“血主濡之”，使瘀血渐化，新血滋生，这是“逐瘀为补，先逐后补，边逐边补”的治疗原则。如果只见病人虚羸的一面，而忽视其瘀血的一面，徒用滋补，不但不能治好病，反而会使病更增剧。

李聪甫在谈及治疗虚劳病的体会时特别指出：临证之时如果出现错综复杂的病变现象，须详尽分析，辨证论治，不可拘守一成不变的成方。

教学课徒有益方
诲人不倦育新人

李聪甫是湖南省中医进修学校的组建者，是最早的领导和教师。他设置进修课程，编排教学计划，选任教师，招收学员，无不尽心尽力。他自找资料，自编讲义，撰稿并主讲《中医生理学之研究》，对中医理论做了可贵的探索。时至今日，《中医生理学之研究》仍是中医院校有价值的教材和参考书。

1960 年前后，正当中医界兴起拜师傅、收徒弟热潮的时候，李聪甫除了教学之外，在门诊临床中开始带徒。他的徒弟都是中青年医师。他对徒弟们说：你们愿意学，我绝对愿意教，而且是毫无保留地全面地教。古人说“青出于蓝而胜于蓝”，你们要有这种志气和理想，我才高兴。李聪甫无论是教学还是带徒弟，要求既全面又严格。

首先，徒弟、学生必须熟读几本书。诸如《黄帝内经》、《伤寒杂病论》、《濒湖脉学》、《脾胃论》等，不但要读熟，而且要在临证中娴熟运用，融会贯通。他常说：“一个中医而不将中医经典理论烂熟于心，不把眼前的病人和病证牵挂于心，是不可能成为一个好医生的。”

其次，读书必须质疑。读书，尤其是读古书，倘若读不出疑问来，那就证明你没有读进去。古人说，读书贵有疑，小疑获小进，大疑获大知。李聪甫告诉弟子说，书不但要勤读多疑，而且必须善问。《尚书》里说：“好问则裕，自用则小。”这是古今不变的真理。他曾经给徒弟们讲古人不耻下问的故事。他说：“君子之学必好问。问与学相辅而行者也。非学无以致疑，非问无以广识。好学而不勤问，非真能好学者也。”（清·刘开《问说》）他还给徒弟们讲“师傅与，隔张纸；师不与，隔千里”的道理。于是，在后来的岁月里，见到徒弟们捧着古代的医典、现代的杂志找自己答疑解惑，李聪甫总是高兴地说：“只要你们来问，我就有时间回答。我愿意和你们讨论、辩论。”

一次，青年医师李孝斌门诊时发现，一病人背部有巴掌大的一块发冷，不知是什么东西，更不知如何处置，便来问老师。李聪甫不假思索地说，这是《金匮要略》中所说的“留饮”，并告诉他如何治疗。事后，李孝斌对同事说：“身边有李老，绝对是个宝啊！”

一年冬天，助手孙光荣与老师围炉论医。孙光荣问：“为什么中医内科医师都兼治妇科疾病，妇科医师亦要兼治内科疾病呢？”李聪甫告诉他，这是个古老的话题了。中医不分科，自古而然。过去与现今不同，那时候，一个好医生必须全能。比如华佗，用今人的话说，他应该是内科专家，可他又会做外科手术。其实，女子与男子相比，仅“奇恒之腑”多一“女子胞”（即子宫），其他五脏六腑、四肢百骸并无异。所以，平常所见之外感内伤疾病，男女基本相同。但就女子而言，妇科病与内科病是可以互相影响的。不懂内科的妇科医生和不谙妇科的内科医生，起码就中医理论而言，其医理医术是不完全的。人的机体是个统一的整体，我们中医治病首重整体观。明乎此理，则知内科、妇科应兼知兼顾。

李聪甫将从医的子女也看作是自己的徒弟，且要求更为严格。1979 年 3 月 15 日，李聪甫在给儿子——中医师李肇夷的信中写道：“你对中医经典著作要好好钻研一番。《黄帝内经》可以选学，但《伤寒论》和《金匮要略》则要通读精读，力争诵读铭记。但要有所鉴别，不可迂腐。例如《伤寒论》说：‘病有发热恶寒者，发于阳也；无热恶寒者，发于阴也。发于阳者七日愈，发于阴者六日愈；以阳数七，阴数六也。’前两句是对的，但‘七日愈、六日愈’云云就不对了。所以，读书者，既要信书，又不可尽信书，要学会质疑。疑则有进，读书亦有道矣。”

一个好医生不但要有高超的医术、仁术，更要有济世救人的仁心、仁德。李聪甫说，所谓“德才兼备”，是把“德”置于首位的。任何一种人或一个人，“德”永远比“才”重要。医生之德，人称医德。医德是什么？医德就是以仁者之心对待病人，不慕名利虚荣，胸怀扶危救厄、济世活人之志。医生应该是无私的人、高尚的人，应该是全心全意为病人服务的人。

作为人大代表、政协委员和中医学院的院长，李聪甫不仅心中装着今天的中医现状，而且时时关注和思考着中医药事业的未来。他关心高等中医教育改革，关心师资队伍的建设和质量，关心大学生和研究生的招考制度，关心教学内容及教学方法的建设和创新，关心中医药人员成才的途径。早在1984年，他就上书领导部门，建议中医教学一定要有中医特色。第一，学生必须要把四诊八纲学到手，不仅要会背诵，而且要用于指导临床，收效于病人。第二，理法方药是医生的基本功，要实际操练，能有条理地、符合实际地体现在书写病历、医案上。第三，“辨证论治”四个字，说着容易，也不难写，但真正运用于病人、病情可就难了，所以，学生要多参与临床实践。辨证二字是对“证”的“辨”析。不见病人，不见病状，“辨”就无从谈起。辨证者，一定要亲临其“证”，才能辨别病的属性，才能“施治”。李聪甫告诫徒弟们说，这三点要求看似简单，但要真正领悟把握，却不是容易的事。没有真心、诚心和实心，是学不到家的，离开了病人、离开了临床实践，也是学不到真本事的。

李聪甫教学带徒几十年，兢兢业业，一丝

不苟，谦逊笃实，身体力行。他在临床治病，是病人信赖的好医生；在讲台教学，是莘莘学子的好老师；他处事待人，豁达真诚，是同事们的好友、挚友和诤友。

躬身实践不辞劳
科研路上带头人

李聪甫是成功的临床实践家，也是中医药科学研究的带头人。他的科研成就是多方位的，主要表现在以下几方面。

一、小儿麻疹论治新得

早在1940年，35岁的李聪甫就有《麻疹专论》一书问世。他认为麻疹病可分三个阶段论治。麻疹未出时，谓之初期，症见乍凉乍热，潮热咳嗽，喷嚏，鼻流清涕，眼泪汪汪，或呕或泻。此毒蕴肺胃，渐欲外布，当遂真性而发越之，使邪热由胃而肺、而血脉、而肌肤，尽透于表，通体现疹。初期治法宜用辛轻宣展，施以宣毒发表汤（葛根、荆芥、防风、蝉蜕、浙贝母、炒牛蒡子、枳壳、前胡、连翘、木通、杏仁、薄荷）。李聪甫认为，麻疹流行之际，如见婴孩初潮，可服此方，纵非麻候，用之亦无害。麻出正盛时，谓之中期。毒火聚肺，胸中灼热如炉，目赤鼻干，口渴唇焦，壮热不退，呼吸粗促，二便秘涩，甚则惊搐者，疹未尽透，仍须宣托。麻既出齐，当从清解，辛苦并进，始无偏弊。轻者麻疹未透，热甚而咳，方用清热透肌汤（石膏、玄参、炒牛蒡子、荆芥、防风、前胡、葛根、杏仁、薄荷）。重者麻疹已出，红肿太甚，方用化毒清表汤（葛根、知母、前胡、连翘、玄参、地骨皮、瓜蒌根、炒牛蒡子、木通、酒炒黄芩、炒山栀、防风、酒炒黄连、薄荷、淡竹叶）。麻疹收后，谓之末期。肺胃被燥，津液耗损，每多余热不清，咳嗽而烦。若余毒未尽，上攻则为牙疳、为喘逼，下攻则为便血、为痢疾。久之邪陷阴伤，皮焦肉削，竟成虚羸疳瘵者，养血滋津乃上策。治麻疹后余热，咳嗽声喑者，用清咽滋肺汤（荆芥、炒牛蒡子、前胡、玄参、贝母、瓜蒌仁、马兜铃、麦冬、鲜桑叶、枇杷叶、沙参、地骨皮、薄荷）。治麻疹后身热绵延不清者，用新定柴胡清热饮（北柴胡、生地黄、地骨皮、玄参、沙参、麦冬、鲜桑叶、知母、连翘、淡竹叶）。关于该方之理，李聪甫谈到：方中生地、地骨皮、玄参、麦冬、沙参一派甘凉，滋养肺胃之阴液；鲜桑叶、知母、连翘、淡竹叶苦淡轻清，宣化肺胃之虚热；得柴胡之辛苦平，一转枢机，其热始解。此即《黄帝内经》“亢则害，承乃制”之义也。总之，三期治法，要特别强调临诊变通。初期麻疹未出，切忌黄芩、白芍、石膏、黄连等酸敛苦降之味，恐抑其疹不出也。中期麻出正盛，胸肺之部如火燎灼，当禁甘寒滋腻，如麦冬、生地等品，以阻滞邪热之发展。疹未透齐，石膏、黄连亦须慎投，宜辛苦清凉并进，如荆芥、防风、黄芩、山栀、连翘、牛蒡子、薄荷、玄参之类，允为合度。末期麻疹收后，肺胃焦举，则不宜于辛苦，以免更伤阴液。生地、白芍、玄参、麦冬、石斛、地骨皮都登要品，而防风、葛根、黄芩、黄连又当备之以用。

对此三法，李聪甫归纳为两大法门。其一，“视麻疹出齐为标准，未齐之前，宣毒托疹；出齐之后，清咽滋肺，更简而易明者也”。其二，麻疹禁药甚多。李聪甫独以升麻、桔梗、甘草、人中黄四味提为首禁。何也？其曰：医者唯此四味则随笔挥来，以为升麻托疹，桔梗宣肺，甘草、人中黄俱能解毒，放胆用之，每致麻出忽没，疹变紫黑，喘促烦乱而无救者。医者反复思之，莫得其解。基于此，李聪甫阐释说，用甘草之滞，阻遏其邪不得外越，足以闭麻之出路。又得升麻陡升，以阳济阳，如火添薪，邪热顿炽，喘逆立至。麻疹初出及正盛时，“桔梗舟楫之剂，引诸药上至高之分”，则有载引浊邪壅肺之弊，亦当知所禁也。更有用人中黄以解麻毒者，殊知甘草浸于溷厕中，药气臭秽，未有不毒反内逼，而增剧变者，其疹忽收，易致喘急而死。故知此四味于麻疹中，所当切戒。其三，李聪甫还特别提示，麻疹正出，慎用黄连、石膏。黄连大苦大寒，直泻心胃之火；石膏味辛大寒，极清肺胃之热。二者皆阴行降令者也。麻疹属阳邪，固宜阴以制之。然毒火内蕴肺胃之时，郁蒸其血，法当辛轻疏托，由胃而肺而血液，化为疹子，出于皮肤，邪自解矣。麻疹方出时，症见身热息粗，鼻干唇红，纯是热象。此时，辛凉宣展，未可松放。医之昧者，只知其热，遂忘其疹，黄连、石膏肆用无忌，如疹化十分之七，经此大寒阻截，麻疹后或喘或泻，绵延难愈。如疹化十分之三，经此大寒阻截，毒火不得发越，反攻肺胃，即见危亡。不但黄连、石膏二味，即是鲜石斛、麦冬、生地、玉竹一切甘滋之品，在麻疹未透齐以前，皆宜慎用，恐阻邪毒开泄之路。

麻疹常见的并发症是麻疹气喘（即支气管肺炎），这是导致麻疹死亡的重要原因之一。李聪甫认为，麻疹气喘应分麻前气喘和麻后气喘而论治。

麻前气喘：症见于麻疹发热3～5天时，疹点隐现，欲出不出，身热无汗，目合鼻干，环唇青暗，烦躁郁闷，鼻煽喘急，身热而手足反凉，多由风寒袭表，表闭（亦有个别肺气虚弱者）疹难外透，毒反内攻所致。法当宣毒发表，以葛根、荆芥、防风、蝉蜕、浙贝母、牛蒡子、杏仁、枳壳、前胡、薄荷、连翘、木通、西河柳等为剂。冬春加适量苏叶、蜜酒炙麻黄，夏秋加紫背浮萍以透表。不论何时，可用芫荽、紫苏、酒、苎麻为方，辅助外治疗法，促使麻疹透齐，火毒外解，则喘自平缓。

麻后气喘：见于发病6～9天甚至10余天内，疹点遍布全身，疹色焦赤，甚或变黑，症见壮热口渴，鼻煽喘急，小便短赤或大便秘结，虎口纹青黑色，推之不移，多由麻毒内壅，肺热叶焦所致。治当化毒清表，如葛根、蝉蜕、前胡、连翘、玄参、地骨皮、瓜蒌皮、牛蒡子、酒黄芩、炒山栀、知母、木通、薄荷、淡竹叶等。若鼻孔掀开，黑如烟煤，加生石膏、桑白皮、葶苈子以泻肺火；若便秘，酌用锦纹大黄以导腑热下行，大便一通即停用，以防余毒内陷而生他变。疹点出齐后，身热不退，喘促胸高，乃热灼津伤，肺阴被劫，宜清热滋肺，临机运用。麻疹正出时，以咳为顺，不咳则喘，这是关键所在。

二、领军科研，成果卓著

李聪甫是中医药学科研工作的带头人。1956 年，李聪甫受邀参加了国务院组织的《全国十二年科学远景规划·中医规划》的制定工作。他特别撰文指出："研究中医最根本的是中医理论体系的指导作用。要了解中医的精神实质，需全面系统地学习掌握中医理论和经验，然后进一步用现代科学方法加以分析和研究，吸取其合理的部分。同时，这是一件极其精密细致的研究工作，不能要求瞬息之间底于成。”他曾举麻黄中提取的麻黄素为例，因其只能定喘而未见发汗作用，就简单予以否定麻黄的发汗作用是不行的。这就需要进一步追究原因。李聪甫辨析说，麻黄究竟是本身含有某种发汗成分，还是和其他药物合用后促进汗腺的分泌？《伤寒论》中，麻黄、桂枝同用，能解太阳之表而发汗；与附子同用，能温少阴之经而发汗；麻黄汤内桂枝易石膏，复能解热发汗，治表寒里热而导致的胸满喘息。上述几方同是以降低体温为主要目的，而寒、热、虚、实是有很大区别的。所以研究中医药应该重视中医理论，必须通过实践来检验和提高中医理论，研究中要“去粗取精，去伪存真，由此及彼，由表及里地思索，得出正确的结论。”他认为，这个结论需要中西医临床家密切合作来完成。这种合作应以中医为主，西医为辅，双方共同诊断，共同观察，在治疗过程中，都要有详细的病历记载，治疗到一定程度，要进行病案讨论，作出结论。这样才能收到殊途同归的效果。

几十年来，李聪甫主持和承担了多项科研课题。20 世纪 50 年代末，作为湖南省血吸虫病的中医临床研究者，李聪甫以省血吸虫病防治所为基地，组织研究晚期腹水的疗效和机制，并对湖南省血吸虫病的中医治疗经验和研究工作进行了科学的总结，肯定了含巴绛矾丸、加减胃苓丸、舟车丸、复方防己黄芪丸、当归丹参丸、加减鳖甲煎丸、活血杀虫丸等方药的治疗作用。20 世纪 60 年代初期，他提出了形神合一学说，并负责理论指导和与湖南医学院的合作，采用以气功配合中药治疗胃及十二指肠溃疡的疗效观察，探索中枢、内脏、经络、体表的整体关系，取得了很好的科研成果。

1973 年，他又承担了长沙马王堆一号汉墓出土药物的研究，对已经鉴定清楚的佩兰、花椒、桂皮、茅香、高良姜、杜衡（又名土细辛）、辛夷、藁本9种药物的作用进行了初步分析，指出这批药物的发现，对中医药学史的考证有重要意义。此后，在1976～1983年的7年间，李聪甫又连续完成4部著作，逾百万字。他主撰的《脾胃论注释》荣获1978年全国科学大会集体奖，与刘炳凡合撰的《金元四大医家学术思想之研究》于1983年由人民卫生出版社出版，被誉为“旁征博引，弃偏见，撷众长，理文并茂，宏大而精深”之佳作。

1983年，年近八旬的李聪甫仍然惦记着中医事业的发展。他写出了《中医应按自身的规律发展》的长篇论文。

1985年，80高龄的李聪甫又主持了卫生部首批中医药文献整理研究重点课题之一——《中藏经》的整理研究工作。同时，对国家“七五”攻关课题《李聪甫整体脾胃观中医诊疗专家系统》的医理设计临床内容亲予指导。这位霜鬓皓首的老者，此时虽步履蹒跚，但精神矍铄，仍不知疲倦地在科研领域为中医药事业默默地奉献着自己的智慧和力量。

三、中医治急病大有可为

中医能不能治急病是人们经常关注的问题。李聪甫认为，中医不仅能治慢性病，而且能治急性病。《伤寒论》就是一部治疗多种急性传染病的经典，其中六经辨证是理论核心。它不但具备了指导外感各证的治疗法则，同时对一切内伤杂病有着辨证分型的指导意义，也为后来温热病学的形成和发展开了先河。

杨某，男，71岁，有肺气肿病史。突然身热胸满，腹胀迫痛，大便一周未行，小便闭塞不通，势甚急迫，抬至某医院急诊，诊断为“老年前列腺肥大，尿潴留”。用导尿法甚感痛苦，抽去导尿管仍然点滴不出，呻吟叫喊，极难忍受。饮食不入，医院不敢放胆输液，恐增尿压。在急诊室两日病情增剧，于是前来求治。李聪甫诊其脉沉涩，舌质红绛少苔。患者肺气素虚，失于“治节”，则阻滞水道而癃闭，肺不“清肃”，影响大肠之津的润泽而便秘，所以津气两伤，二便不利。法当养肺气，输津液，“下病上取”，急则治标。处方：当归、白芍、麻仁、杏仁、郁李仁、车前子、川楝子、延胡索、柴胡、枳壳、桔梗、甘草等。服后二便略通，腹胀减轻，脉数舌绛。肺胃津伤，肾阴失济。上方去川楝子、延胡索、枳壳，加生地、知母、枳实。连服数剂，二便通畅，胸腹痛胀顿解。

又，潘某，女，30岁。起病颇似感冒，鼻流清涕，且时有喷嚏，头痛身热，恶心。体温39.5℃，头剧痛，渐觉视力减退，视物不明，继而时哭时笑，神志失常，转入昏厥，直视失溲，口噤不语，面泛潮红，时发躁乱，随即体温正常，人事不省。某医院确诊为“病毒性脑炎”，抢救5日，情势危殆，急来求治。李聪甫诊其脉沉弦滑，牙关紧闭，不能察舌，根据脉证分析，此属冬温病。阳明伏热入侵少阴，热入血室，邪犯营血，故不显外热；热灼胃液，故肠燥便闭。病虽入营，犹可透热转气，救液清神。姑拟一方，采用“上病下取”之法：瓜蒌仁、炒山栀、麦冬、生地、白芍、连翘心、淡竹叶、郁金、黄连、九节菖蒲、钩藤、白薇、锦纹大黄、紫雪丹等，嘱一昼夜鼻饲两剂。至明晨，若得大便下溏粪如酱色，腥秽逼人，人事苏醒方可救。果如所言。复诊：脉弦缓，神志清醒，目能辨物，察舌略能张口，舌绛焦卷，语言不清。伏热初退，津液被劫。法当清营救液，上方去竹叶、白芍、白薇，加丹参、鲜竹茹、玄参，服数剂，转危为安，康复如初。中医治急病，古已有之，于今更不可小觑也。

李聪甫认为，中医自古至今不但有急救的病例，而且有成套的急救药品。如痛证、厥证、闭证、脱证等猝然发生，中医原来都有应急的成药，如卧龙丹、备急丸、纯阳正气丸、飞龙夺命丹、苏合香丸、抱龙丸、牛黄清心丸、安宫牛黄丸、回春丹、黑锡丹、灵宝丹、紫雪丹、至宝丹、锡类散、九龙丹、梅花点舌丹、玉枢丹、金铃子散、七厘散、止痉散等等，不胜枚举。遗憾的是，这些药现在很少能见到，有的甚至没有了，怎么能治急性病？所以必须纠正中医不能治急性病的错误观点。为了保证中医治疗急性病，必须制备必要的急救成药。在中医院药房和住院部、中医教学实习单位和科研观察病床，都应有急救的中成药，这是应大力研讨的课题。研究并制造中医急救之成药，实在是弘扬中医药学的一件大事。

养生自有千般术
功效尽在恒字中

中医之学不只在于救人济世，更注重摄生防病，益寿延年。李聪甫是却病之良医，也是养生之大家，有《摄生延年与老年学》和《饮食、起居、运动、守静》等养生专论传世。

李聪甫认为，乐生恶死是人之常情，自古而然。但寿夭生死由谁决定呢？不由天，不由地，关键在于先天的遗传和后天的保养。一个人，倘若先天不足，后天摄生有术，也可以补不足而增寿；如果认为先天优厚，而不懂后天养护，滥用生命，想延寿也难矣！

《类经》作者张介宾说："禀受者，先天也；修养者，后天也。先天责在父母，后天责在吾心。”古人都懂得后天摄生养护在于“己”，我们今时之人更当视后天养生为延年之乐事、大事了。在人类文明高度发达的今天，谁不知养生之重要，谁没有几招保健之术？这里再简要介绍李聪甫的养生诸术，以飨读者。

一、起居摄生

养生之术，首重起居。李聪甫于春夏秋冬应时更衣，适时起卧。睡前散步，使心平气静，软枕头、少思虑、快入睡。黎明即起，舒筋骨，缓起床，起床后开窗通风，庭前漫步，吐一夜之浊气，纳满腹之清新。他不但个人习以为常，更教子孙们培养摄生之好习惯。《寿世青编》有云：“吾所居室，四面皆窗户，遇风即关，风息即开；吾所居室，前帘后屏，太明即下帘以和其内映，太暗则卷帘以通其外耀。内以安心，外以安目，心目俱安，则身安矣。”可见我们的祖先早已知道开窗通风、调节居室明暗对身心健康的良好作用了。

二、饮食摄生

李聪甫说，世俗讲究对老年人要“甘脂以奉”，实不尽然。老年人脾胃功能衰退，厚腻、炙煿、辛辣、生冷等食物都应慎食或节食，应以清淡为宜。饮食是人生长发育的大事，吃什么，喝什么，要合于科学，益于生理，万不可盲饮妄食。尤其对老年人，奉以甘脂是不科学的。

李聪甫遵古人之教，行个人之验，很讲究饮食的杂与量。他饮食清淡，荤腻少食，辛辣稍尝，从不过味。他主张，吃米饭宜软忌硬，肉食需烂熟而食，细嚼慢咽，少食厚味。他少吃甚至不吃烧烤油炸食物。每日三餐，定时定量，食勿过饱，七分即止。早餐略“饱”，中餐略“好”，晚上略“少”。李聪甫平生不嗜烟酒，谓“烟辛损肺，酒热戕胃”，不可滥用。

三、运动摄生

华佗说过：“人体欲得劳动，但不当使极

耳。动摇则谷气得消，血脉流通，病不得生，譬如户枢，终不朽也。”所以说，动（运动、劳动、活动等）只要不过量、不过急、不过劳，对身体都是有益的。每个人都可以不拘形式地以运动来摄生健体。当然，如果能做有一定程序的太极拳、五禽戏或其他体育活动，那就更好了。李聪甫不但自己天天打太极拳，日日慢步走，而且还劝病人、家人、朋友都动起来。下面的“十二段动功”便是李聪甫几十年来的健身法。

十二段动功功法：其一，调匀呼吸，叩齿36下；其二，咽津，舌舐上腭，唾津满口，咽然咽下；其三，浴面，两手搓热擦面；其四，鸣天鼓，两手掩耳，以食指压中指，弹脑后，如鸣鼓36次；其五，运膏肓，两肩扭转27次；其六，托天，两手握拳，以鼻吸气运至泥丸（两眉之间，一曰上丹田），两手向上托起，随放左右膝上，每日做3次；其七，左右开弓，屏息，左手伸直，右手做挽弓状，两目看右手，左右转换各3次；其八，摩丹田，左手托睾囊，右手摩脐下丹田穴36次，然后左右手转换；其九，擦腰，屏息，两手搓热，向脊后腰间命门穴左右各擦36次；其十，擦脚心，左手把住左脚，以右手擦左脚心涌泉穴，左右交换，各擦36次；其十一，擦尾骶，擦在骶骨之下，肛门之后；其十二，摆腿，先将左足立定，右足提起摆动7次，然后右立左摆7次。

李聪甫所说的运动摄生，当然还包括脑力运动。思维是脑力运动，运则活，不运则僵。所以，李聪甫不但遇事勤思，而且一生爱好吟诗作画。他说："一生事业唯医道，养生犹爱苦吟诗。"吟诗乃脑力运动也。李聪甫一生诗作颇丰，有《老聪诗词剩草》传世。1951年，李聪甫寓居长沙之时，在一张照片上题诗曰：

二十年前一老聪，而今聪老众呼同。

知亲健在敢称老，对镜皤然却是翁。

医药本承先母志，安怀初负古人衷。

浮生久似玄珠失，此日重翻巨浪红。

这首诗不仅写出了他秉承慈母遗训，悉心从医之志，而且抒发了他在新中国大好形势下心潮有如“巨浪红”的豪迈情怀。

再如写于1962年的《南岳憩暑感赋》云：

二十年前到此山，秋声萧瑟劫灰残。

即今老健重游地，如许风光着意看。

望海漫漫云作浪，登天步步霭为栏。

绿阴深处倚琼楼，暑退金蝉报晓寒。

此诗短短8句，写出了他两次到南岳的不同感受，充分表现了诗人在新社会蓬勃向上的情怀。“即今老健重游地，如许风光着意看”，这是何等喜悦快慰的心境啊！“心之官则思”，勤思、乐思也是愉悦心身和强健体魄的一种途径。

四、守静摄生

李聪甫认为，摄生之法不但要学会“动”，

还应该学会“静”。有张有弛，动静相辅，如阴阳要平衡一样，也是健身益寿之大要。李聪甫说，如果身感劳倦，四肢乏力，少气懒言，应即时放下心来，宽衣解带，闭目静坐，使神不外驰，心无旁骛，精气内守，浩浩然，无私虑妄念，疾病自然就难以入侵了。李聪甫的守静养生法是：疲劳之时，闭目静坐，或沉瞠远望。临睡之前，静心闭目须臾。早晨起床之前，入静假寐片刻。这些看似无意义的短暂小憩，对解乏健身却大有良效。

养生保健在于持之以恒。某项健身运动，某种养生习惯，持之一年半载，也许可以，但持之以恒，终生不殆，那可就难了。养生健体途径多，效益全在“恒”字中，用“三天打鱼，两天晒网”的态度对待养生保健的做法是万不可取的。所以，在各种养生理论和法术中，李聪甫特别强调这个“恒”字。他认为人无恒心，事难成功。不只保健益寿如此，行事立业也离不开这个“恒”字。

1990年4月14日，李聪甫不幸辞世，享年85岁。当时人民卫生出版社敬献的挽联是：

仁术济世医教研累累硕果

著书立说传帮带厥厥丰功

（撰稿人　李肇夷　杨　泛）

《中华中医昆仑》丛书150位医家名录

（按生年排序）

张锡纯	丁甘仁	萧龙友	王朴诚	恽铁樵
曹炳章	冉雪峰	谢　观	施今墨	汪逢春
孔伯华	黄竹斋	吴佩衡	蒲辅周	陈邦贤
李翰卿	李斯炽	姚国美	陆渊雷	张泽生
时逸人	张梦侬	叶橘泉	王聘贤	陈慎吾
邹云翔	赵炳南	承淡安	余无言	刘惠民
岳美中	沈仲圭	秦伯未	赵锡武	韦文贵
程门雪	黄文东	赵心波	董廷瑶	吴考槃
章次公	石筱山	陆南山	张赞臣	李聪甫
刘绍武	陈存仁	朱仁康	陆瘦燕	姜春华
韩百灵	高仲山	李克绍	王鹏飞	刘春圃
金寿山	哈荔田	何世英	周凤梧	干祖望
关幼波	王为兰	任应秋	罗元恺	祝谌予
杨医亚	郭士魁	何时希	耿鉴庭	俞慎初

裘沛然	顾伯华	江育仁	邓铁涛	门纯德
刘渡舟	尚天裕	朱良春	李玉奇	程士德
尚志钧	赵绍琴	董建华	米伯让	李辅仁
张珍玉	班秀文	颜正华	于己百	颜德馨
路志正	方药中	王乐匋	黄星垣	谢海洲
余桂清	何　任	王子瑜	程莘农	陈彤云
焦树德	张作舟	张　琪	李寿山	张镜人
王绵之	方和谦	印会河	王玉川	蔡小荪
李振华	马继兴	王嘉麟	宋祚民	刘弼臣
王雪苔	刘志明	吴咸中	李今庸	任继学
裴学义	王宝恩	周霭祥	贺普仁	唐由之
赵冠英	许润三	金世元	陆广莘	刘柏龄
徐景藩	吉良晨	吴定寰	沈自尹	王孝涛
张灿玾	周仲瑛	强巴赤列	张代钊	李经纬
郭维淮	柴松岩	苏荣扎布	陈可冀	李济仁
夏桂成	郭子光	巴黑·玉素甫	张学文	陈介甫